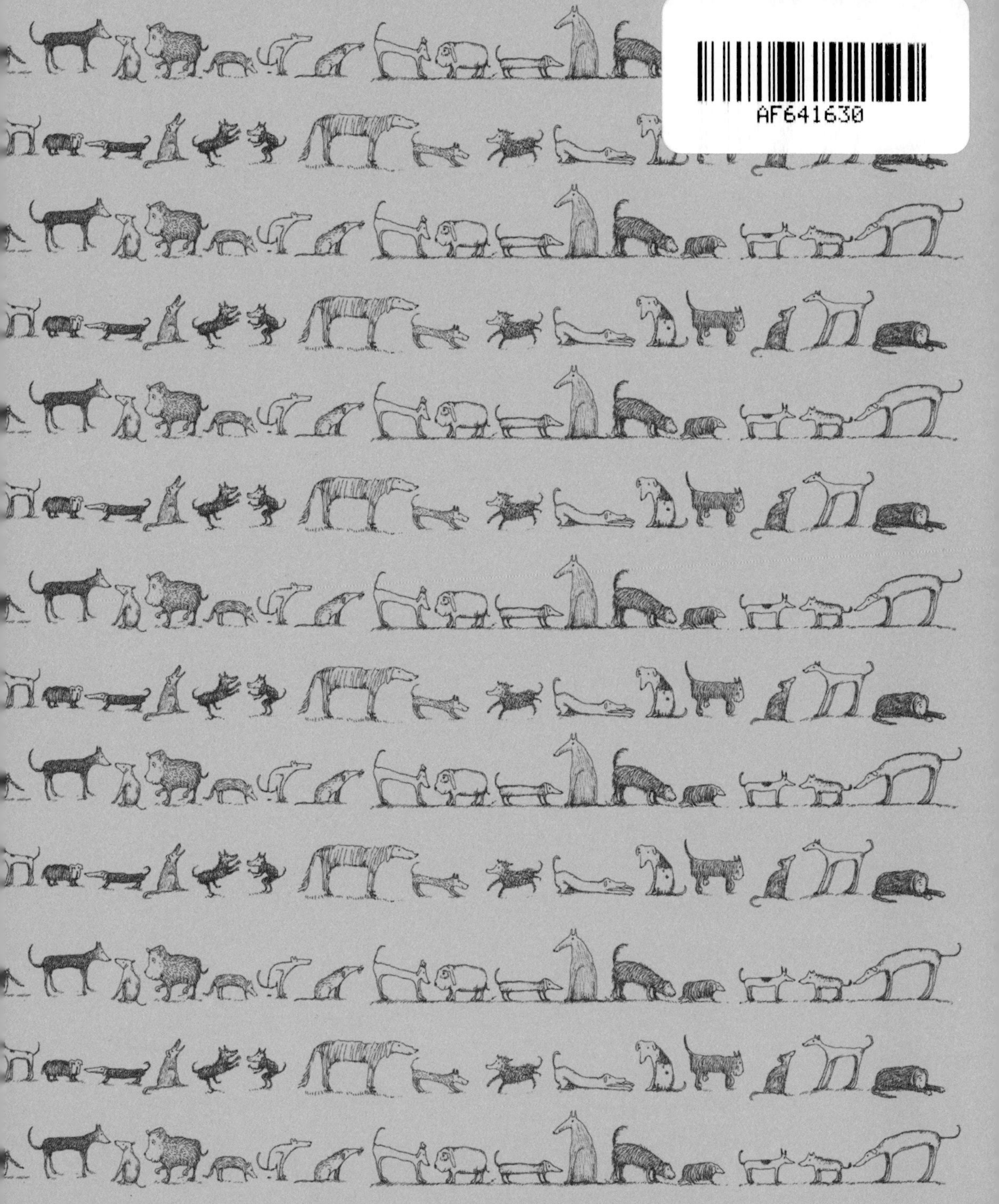

Claudia Schmid Matt Harvey

Sitz!

mosaik

Claudia Schmid
Matt Harvey

Sitz!

Von Hunden und ihren Menschen

Haufenweise Gedichte

Aus dem Englischen
von Martin Gierczak

mosaik

Die englische Originalausgabe erschien 2019 unter dem Titel »Sit!« bei Unicorn, einem Imprint der Unicorn Publishing Group LLP, London.

MIX
Papier | Fördert gute Waldnutzung
FSC® C084279
www.fsc.org

Penguin Random House Verlagsgruppe
FSC® N001967

2. Auflage
Deutsche Erstausgabe September 2021

Text: © Matt Harvey
Illustrationen: © Claudia Schmid
Umschlag: Sabine Kwauka
Umschlagmotiv: Claudia Schmid
Redaktion: Ilka Zänger
Korrektorat: Florian Oppermann
Satz: Lorenz+Zeller GmbH, Inning a. A.
Druck und Bindung: Print Consult GmbH, München
Printed in the Slovak Republic
KW · CB
ISBN 978-3-442-39366-4

INHALT

VORWORT

Dieses Buch ist voller Hunde.

Weder Claudia noch ich sind für unsere Arbeit mit Hunden bekannt. Trotzdem ist in diesem Buch auf jedem Bild mindestens ein Hund zu sehen, manchmal sogar mehr. Zudem haben alle Wörter einen Bezug zu Hunden. Wir stehen dazu. Wir sind beide Hundebesitzer und Gassigeher, und man könnte behaupten, wir wüssten, was wir da zeichnen und worüber wir schreiben. Das wäre allerdings eine kleine Übertreibung.

Claudia und ich begegnen uns manchmal zufällig, wenn wir mit unseren Hunden Gassi gehen. Ihr Hund heißt Toffle, meine Hündin heißt Tess. Aber weder Claudias Bilder noch meine Gedichte sind zwingend von Tess oder Toffle inspiriert. Sie sind vielmehr angeregt von den interessanten Hunden und Menschen, die wir bei unseren täglichen Runden treffen. Ebenso große Inspiration geht von den Menschen und den Hunden aus, die wir nicht treffen. Mir scheint, sie kommen hauptsächlich aus Claudias Unterbewusstsein, in dem sich sehr viele Geschöpfe tummeln, darunter eben auch Menschen und Hunde. Ihr Unterbewusstsein ist ein wohlbevölkerter Ort, und ich schätze mich glücklich, mit ihr zusammenarbeiten zu dürfen.

Meistens gab es zuerst ein Bild, und ich habe diesem ein paar Wörter zur Seite gestellt. Ein paar Mal schrieb ich Hundegedichte, und Claudia zeichnete ein Bild dazu. Wir hoffen, dass es nicht immer offensichtlich ist, was zuerst da war. Manchmal geben die Gedichte dem Hund eine Stimme, manchmal dem Menschen und einmal einem Vogel, der in einem Baum sitzt und singt. Die Gedichte neigen dazu, die Hunde zu vermenschlichen. Ich habe versucht, das dadurch auszugleichen, dass ich auch die Menschen vermenschlicht habe.

Wenn du ein Hundebesitzer oder ein Gassigeher bist, wirst du dich in diesem Buch vielleicht wiederfinden. Deinetwillen hoffe ich, dass dem nicht so ist. Jede Ähnlichkeit zwischen den Charakteren in diesem Buch und realen Personen oder Hunden, lebendigen oder toten, wäre ein Erfolg.

Wir hoffen, du hast Freude an unserem Buch.
MH

Eine Anmerkung zu Häufchen: Mehrfach werden Häufchen auftauchen. Das tut mir ein bisschen leid, aber wir werden uns nicht dafür entschuldigen. Gassigeher wissen, dass der Problembereich »Häufchen« nichts ist, worum man sich einmal im Jahr kümmern muss, sondern eine tägliche Verlegenheit. Hunde machen es. Wir kümmern uns darum. So vernünftig, wie wir können. Nicht jeden Tag gleich vernünftig. Keine der beiden Seiten verurteilt hier irgendwen.

SCHOSSHUND

Ob Hund oder Welpe
Er wöge dasselbe

Doch wir zeigen Einsicht
Und er rührt sich eh nicht

Er hat bestimmt nicht vor, aufzustehen
Und ich kann jetzt auch nicht gehen

NICHT MEIN HUND

Du bist nicht mein Hund.
Aber ich könnte es sein. Ich werde es sein, wenn du nur willst.
Ich wäre dein sehr braver Hund,
So gern, so gern, so gern!
Du bist nicht mein Hund
Wir könnten so viel zusammen unternehmen,
Wir könnten wir könnten wir könnten,
Etwa nicht?
Ich bin nicht so der Hundetyp.
Wunderbar. So mag ich's am liebsten. Ich nämlich auch nicht!
Ich bin eher so der Menschen-Typ. Ein wirklich braver Hund!
Bin ich ein braver Hund? Ich bin's! Ich bin's! Ich bin's!
Und ich bin dein.
Du bist nicht mein Hund!
Oh, ich liebe die Art, wie du das sagst, das ist so witzig.
Es macht so viel Spaß, dein Hund zu sein.
DU BIST NICHT MEIN HUND
Wie toll!
Du bist das beste Frauchen, das ich je hatte.
Jemals.

SAG'S MIR NICHT

Lass mich raten
Hab ich was falsch gemacht?
Ja?

Sagtest du »Sitz«?
Ich sitze doch. Nein?
Das war es nicht?

Verrat's mir nicht!
Soll ich was holen
Etwa ein Stöckchen, das ich dich nicht habe werfen sehen?
Nein?

War ich etwa böse? Ich fühle mich nicht böse
Ein bisschen besorgt, ein bisschen bekümmert

Während ich das Problem noch knacke
    lass uns ruhig hier stehen
Und schauen
    auf diese kleine Kacke

GESELLIGES SCHNÜFFELN

Schön ist's bei Freunden und Kameraden
Beiden Enden hallo zu sagen

Stehen zu bleiben, kurz zu riechen
Sich in Duftdetails verkriechen

Jeden Hauch und alle süßen Seltsamkeiten
Erst zu schnuppern, dann zu verbreiten

IM EINKLANG

Ich kraule ihren Hals und Bauch
da ist Musik im Fellgenuss
eine Bach-liebende Hündin mit perfektem Hörsinn
die nie gestimmt werden muss

Sie knurrt und grummelt, quietscht und pfeift
gähnt Seufzer, säuselt lang
sie hat so ein schönes Temperament
einen wunderbaren Klang

Wir schmusen beim Spielen
ich kraule sie am Kinn
sie ist mein kleines Hunde-Klavier
und ich die Konzert-Pianistin

VOGELGESANG (ÜBERSETZT)

willkommen im weichen, weiten Grün
willkommen in meinem Waldheim
bringe dein Hündchen mit
komm, tritt ein

tra la la laa
tra la la lei
fühle dich frei, fühle dich frei

es macht mir nichts aus, dass du hier herumgehst
mit deinem zottligen Hund
es macht mir nichts aus, wenn er hier kackt
das ist normal, das ist gesund

tra la la laa
tra la la lei
fühle dich frei, fühle dich frei

willst du es hier lassen
ist das okay – man sieht es ja kaum
aber wenn du es in eine Tüte packst, *bitte*
häng sie nicht an den Baum

tra la la laa
tra la la laum
nicht an den Baum, nicht an den Baum

ABER DU HAST GESAGT

»Sitz!«, hast du gesagt
Und das war, was ich tat

So äußertest du dich
Also setzte ich mich

Ließ mich hier auf den Boden nieder
Folgte deiner Bitte
Wartete wieder

Ich bin ein braves Hündchen

Du sagtest »sitz«, also setzte ich mich
Und ich bin zufrieden damit

Warum bist du es
nur nicht?

ES GEHT MIR GUT

Nein, ehrlich, es geht mir gut.

Ironischerweise ist er ein Rettungshund.
Und wer muss gerade gerettet werden?
Ich weiß es, ich weiß es!

Nur ein Scherz,
keine Sorge.
Dies ist unsere »Umarmungszeit«.
Eine vertrauensbildende Maßnahme.

Ich fühle mich wohl,
nichts drückt oder zwickt.
Am wichtigsten ist:
Ich kann noch atmen,
und er fühlt sich beschützt.

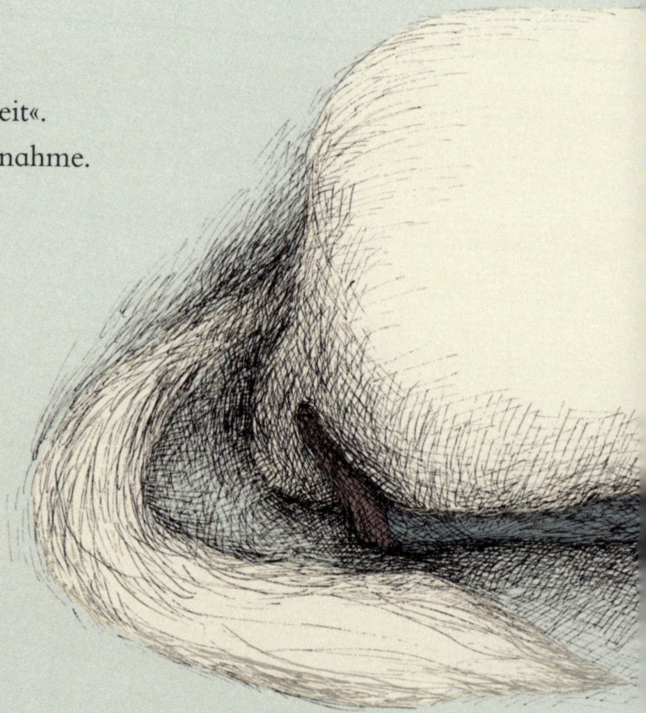

EIN HUND NAMENS DÜNNPFIFF

Ein Hund
mit Namen Dünnpfiff
hockt

und knirscht
mit seinen
Zähnen

was unten unvermeidlich
rauskommt
wollen wir nicht erwähnen

des armen Pfiffis
Popo
ist wund

denn Pfiffi
ist Hocken
wichtig

aber genau deswegen
ist Dünnpfiffs Name
richtig

OH HUND

Der über uns thront
Unser allanwesender Hund

Wir beten, dass du das Stöckchen
Unserer Wörter holst, das wir geworfen
Und unsere kaum hörbaren
Fiependen Gesänge hörst
Mit deinen erhabenen Ohren

Gib uns die Kraft, das Chaos zu stemmen
Das du uns hast zugewiesen
Bleib an unserer Seite
Wenn wir Gassi gehen
Auf des Lebens Hundewiesen

Braver Hund
So ist's gut
Unser Hund
Bleib

KLEINES ZUHAUSE

Sie kommt gerne dazu
Wenn wir kuscheln
In unserem kleinen Zuhause
Unserer Hundehütte der Liebe

Sie mogelt sich zwischen uns
Ihr Körper ist schlank und sehnig
Sie bekommt ein Sternchen in Betragen
Aber Luft nur sehr wenig

DREI IHRER ART

ein kleines, zwei kleine, drei kleine Beispiele:
für eine Rasse, als zart, teuer und selten bekannt
der Kerl in der Mitte heißt Archibald Arnold
seine Kumpel werden Ersatz und Reserve genannt

IN ANERKENNUNG

für die Häufchen, die du weggemacht hast
für Spaziergänge, Stöckchen, dass du mich ernährst
dafür, dass du über meine Pupse lachst
dafür, dass du mich zum Tierarzt fährst

fürs Raufen und Kraulen und das Lob hier und da
fürs ernste Wort mit strengem Klang, das oft nicht verstanden war
für geleistete Dienste und Liebesverdienste
fürs Hinwegschauen über mein Chaos in deinem Auto
für dein Hinterpfotenlaufen, elegant wie ein Salto,
ein Beispiel in jeder Hinsicht – mein Bravo! –

erteile ich dir, denn du bist nun bereit,
die höchste Auszeichnung, die unsere Rasse verleiht –

den Orden der feuchten Nase

Du bist klasse, Kleine.

FLIRTHÜNDCHEN

Flirthündchen, Flirthündchen,
praktisch und hübsch
Flirthündchen, Flirthündchen,
so süß und ganz lütt

Schau, deiner mag meinen!

Darf ich ihn mal halten?

Ist wahnsinnig schön,
ihn so zu halten

Meiner ist mir mal zugelaufen

Meiner heißt Dingle

Ich bin übrigens Single

Mindy heiß ich

Schön, euch kennenzulernen

Und meiner mag deinen

Klar, nimm den Kleinen!

Meiner kommt aus dem Internet

Meiner heißt Eric

Ähm, ich heiße Derek

Single – das ist bei mir auch so

Finde ich genauso

Flirthündchen, Flirthündchen,
praktisch und hübsch
Flirthündchen, Flirthündchen,
so süß und ganz lütt

MEIN HUND GEHT NICHT AUF TOILETTE

Mein Hund geht nicht auf Toilette
Er macht klein, aber nicht groß
    Neben Straßenlampen und an Bäumen
    Wird er kein Pinkeln versäumen
Mehr aber ist da nicht los

Mein Hund geht nicht auf Toilette
Keine großen Geschäfte, nichts aufzuheben
    Ob draußen oder im Haus
    Es kommt halt nichts raus
Beim Kacken wird man ihn nie erleben

Mein Hund geht nicht auf Toilette
Ich weiß, bald wird es passieren
    Seh's ihm an, wenn wir Gassi gehen
    Lange auf der Wiese stehen
    Er ist so voll und geballt
    Seh's an seiner ganzen Gestalt
Irgendwann wird er wohl explodieren

GUTER HUND, SITZ

du verstehst mich also doch, sitzt gebannt
mit diesem Leckerli hab ich dich in der Hand

an diesem Augenblick kann ich mich laben
kannst du dich auch sonst nicht betragen

der pikante Snack und sonst nichts
motiviert dich zum Sitzen, zu Tricks

Gehorsam – das ist's, guter Hund, bitte verweile!
mein Triumph, bleib so, keine Eile

nur in der Leckerli-Zeit bist du fein
und bist mein
    und bist mein
        und bist mein

3

DIE BESTE DER SHOW

ich bin ganz gewöhnlich
mein Hund hingegen sehr nobel
beide sind wir unversöhnlich
und im Wettkampf echte Hobel

sie wird mit ihrer schönen Nase gefallen
während ich sie in die Halle begleite
den Juroren, dem Publikum, in Kürze: allen
und ich stehe dann stolz an ihrer Seite

sie ist mehr als ein Haustier
ich sage es laut und leise:
sie ist der beste aller Hunde hier
und gewinnt uns alle Preise

TRAG MICH

wenn ich seltsame Wege beschreite
durch meine Seele, zum Dunkel hin
wenn ich mir eine innere Höhle bereite
und ich schwer zu finden bin

wenn ich mich habe in Fallen begeben,
aus denen man nicht rauskommt, nur rein
und mich weigere, es zuzugeben
wird sie meine Freundin sein

sie ist für mich da, wenn ich ein Wrack bin
fern aller Menschen, tief im Unglück
ich bin gereizt und genervt, werfe hin,
doch sie bringt mich wieder zurück

wenn sich alles schlecht anfühlt und ohne Leben
graue Regenbögen und lauter Fragen
wird sie an mir schnuppern und mich hochheben
und mich dann nach Hause tragen

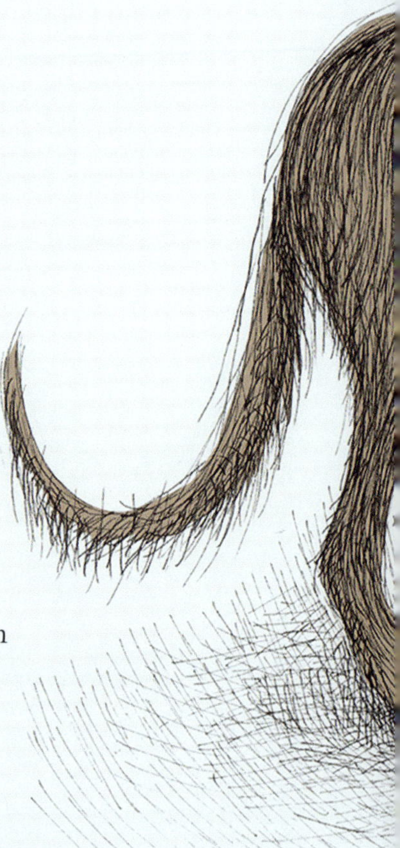

HUNDESCHLUMMER

Wir liegen würdevoll auf dem Sofa, schöner war's nie
Sein Ohr auf meinem Schenkel, sein Kopf auf meinem Knie

Mensch und Hund
So gelöst und innig – famos!

Wir sind wie geschmolzener Käse
und das Sofa ist unser Toast

Alle Aufgaben sind erledigt
und Kalorien wurden auch verbrannt
Wir haben's verdient, wir sind jetzt ganz entspannt

So gemütlich und nah, herrliches Genießen
Die einzige Gefahr ist, dass wir ineinanderfließen

Katzenschläfchen sind okay, Hundeschlummer tiefer,
Der Zug ins Traumland, im Schlafwagen reisen: du, ich, wir

WAS SOLL DIESES LEBEN? (NACH W. H. DAVIES)

Was soll dieses Leben, was sollte es beitragen
Wenn wir zum Riechen und Kratzen keine Zeit haben

Keine Zeit, stehen zu bleiben und eine Blume
Um ihr Blume-Sein zu beneiden

Wenn keine Zeit würde reichen
Sie anzustupsen, zu drehen, darauf herumzubeißen

Wenn es zu hektisch wäre, zu knapp
Um unsere Zähne zu senken in ihr glänzendes Blatt

Wann würde man knurren? Etwa später?
Wann an ihr herumzerren mit unserem Köter

Wann würde es gelingen, sie abzureißen
Auszuspucken und nochmal zu beißen

Ein armes Leben dies und verschwendet
Wenn man es nicht zum Riechen verwendet

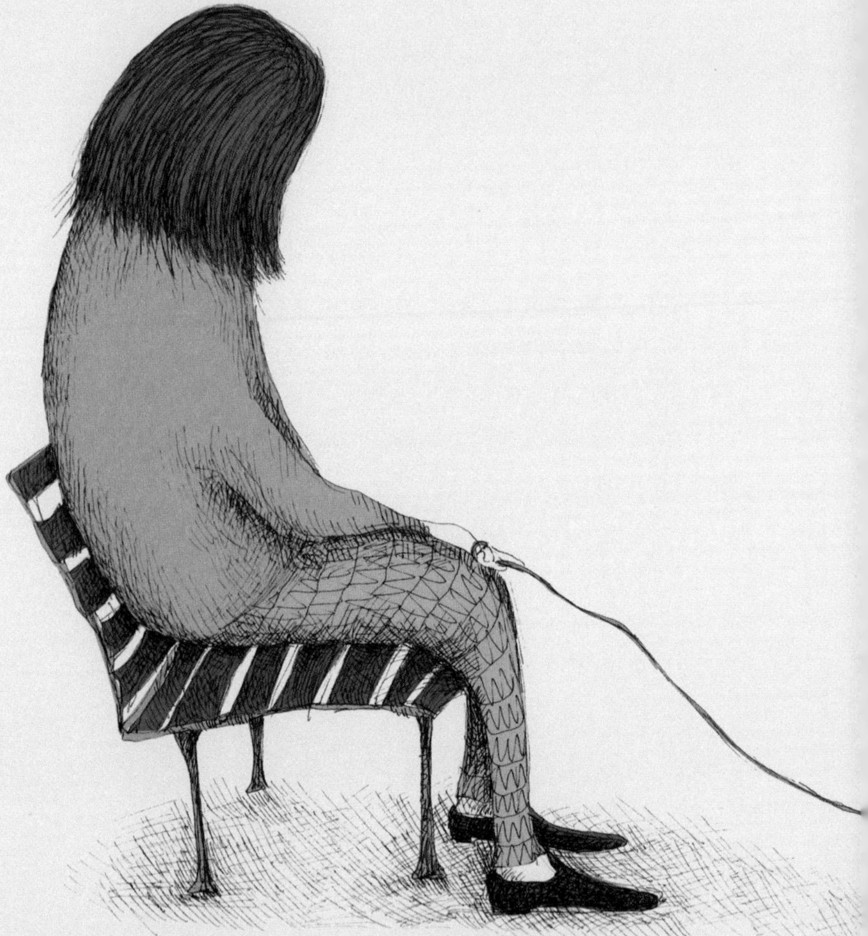

FRANSENVORTEILE

An all diejenigen, die fragen
Warum wir Nähe nicht ertragen
Das ist doch langsam klar

Warum wir lassen wachsen unser Haar
Diese zusätzlichen 20 Zentimeter
Wir lassen uns nicht entdecken
Ja, es ist, um uns zu verstecken

Wir bleiben getarnt, wir sind gerissen
Es ist schwer zu sagen, warum
Wir wurden bislang niemals gebissen
Wir sind halt schüchtern, sei's drum

BOOTFAHREN MIT ARNOLD

Wo die Wellen das Boot sanft umspülen
Wo es auf dem Wasser wird rascher und rascher
Ist man fröhlicher und nasser

Wir rudern zu den ruhigen Stellen
Wo Mann fischen gehen kann
Und Hund umherschauen und bellen

Er hält Ausschau nach Ottern, Robben und Luftblasen
Nach Eisvögeln, Schlangen, Wühlmäusen und Aalen
Nach Schmetterlingen, Glühwürmern und den Lachsen
Und allen anderen Tieren, die ihm genauso gefallen

Ich könnte Stunden hier bleiben
Das Glück ist
Mir wirklich hold
Kein Hund ist so toll wie mein Arnold

Wo die Wellen das Boot sanft umspülen
Wo es auf dem Wasser wird rascher und rascher
Findet der Mensch so viel Freude beim Fischen
Ist der Hund so nah bei seinen Wünschen

ANPASSUNGSFÄHIG

Oh, der süße kleine Menschenwelpe, schau
Bis es groß ist, dauert's noch ein Hundejahr genau

Und mir ist eines ganz klar (man musste es mir nicht sagen)
Jetzt heißt es: Ganz friedlich betragen

Wer würde knurren oder beißen gar
Das Welpenmenschlein so wunderbar

Dies ist jetzt genau mein Job
Ich pass auf ihn auf, Pfote bis Kopf

DUFT UND SINNLICHKEIT

Gewaschen mit Seife
Und mit Shampoo auch
Sag jetzt bloß nichts
Denn ich bin mies drauf

Mein Mensch meinte es wohl mit mir
Glaubte, er tut mir was Gutes
Jetzt stehe ich so frisiert vor dir
Und bin schrecklich schlechten Mutes

Dieses gesamte Herausputzen
Vom Kopf bis zu den Pfoten herab
Ist mir rein gar nicht von Nutzen
Meine Street-Cred nimmt rasant ab

Sie sprühten mich mit Parfum ein
Weg ist mein gesundes Stinken
Ich rieche wie ein Duftstein
Und könnte im Boden versinken

Ich brauche meinen Geruch zurück

Stinken bringt Glück – so ist es
Ich habe schon fast vergessen
Wie es ist, die eigene Nase
In einen fremden Po zu pressen

DAS HEULEN

Wir sind ein Rudel, edel und wild
Wir treffen uns tief in der Nacht
Wenn der Mond ganz voll ist und gelb
Und halten heulend Wacht

Wir sind Grunzer, wir sind Heuler
Von nah und von fernst
Wir sind Beller und auch Brüller
Wir meinen es wirklich ernst

Der Vollmond ruft uns
Der Vollmond sucht uns
Wir werden uns nicht wehren
Wir werden unsren Ruf ehren

Auf den schon unsere
Vorfahren antworteten

Steht der Mond am höchsten
Heulen wir zu ihm unsere Bitten
Die geheimen, die kleinen, die größten
Und obwohl manche Probleme haben

Mit persönlicher Fitness und mit Betragen
Denn trotz viel gutem Essen
Haben wir es nicht vergessen
Wir haben es immer noch in uns

Vielleicht sind wir gezähmt
Und uns wurde ein falscher Name gewählt
Doch für jetzt vergessen wir hier
Zu leben als jemandes Haustier

Wir sind Wölfe

DER PHILOSOPH

Hier sitze ich, nehme mir Zeit zum Sinnieren
Über gejagte Katzen, leckre Knochen und übers Apportieren

Oh, die Dinge, die ich getan, nicht immer Glamouröses
Manchmal war ich ein gutes Hündchen, manchmal auch ein böses

Das Leben bietet mehr als nur Stöckchen, Knochen oder Katzen
Etwa neue Tricks, Gerüche, Schläfchen, auch mal 'n Leckerli schmatzen

Und eines Tages habe ich, aus Neugier, ein einziges Mal
Die Hand gebissen, die mir Futter gab. Egal.

Nicht aus Wut! Ich wollte einfach wissen
Wie sie wohl schmeckt. Und hab dann gebissen.

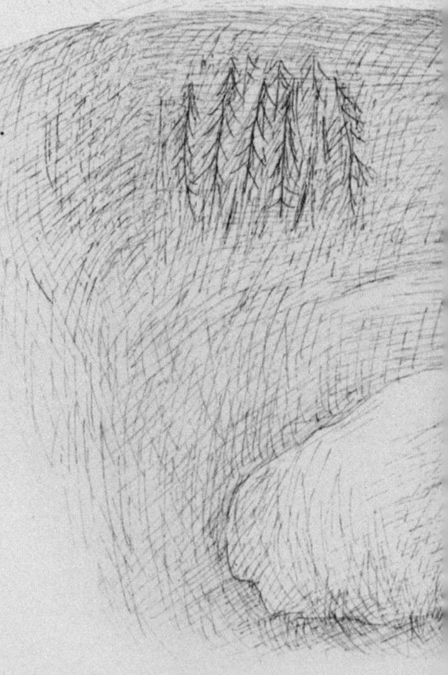

Sie schmeckte leicht salzig, ein bisschen nach Hundekuchen
Aber das Leben ist zum Leben da, manchmal muss man es einfach versuchen

Und abgesehen von diesem tragischen Augenblick
Bin ich zufrieden, blicke niemals zurück

Manchmal bereut man Stöckchen, die man holte, sehr
doch die ungeholten Stöckchen eben noch viel mehr

MATT HARVEY

Als Dichter, Texter, Gassigeher und Kolumnist schreibt Matt Harvey über alle möglichen Sachen, tritt landauf, landab auf und ist häufig im Radio zu hören. Zu seinen Büchern gehören *The Hole in the Sum of my Parts, Mindless Body, Spineless Mind* (auch mit Claudia) und *The Element in the Room*. Seine Hündin Tess sitzt oft neben ihm, während er schreibt. Es heißt, man solle die Art Mensch sein, für die der eigene Hund einen hält. Aber Tess schaut ihn in der Regel vorwurfsvoll an, und ihre Augen sind voller Fragen.

www.mattharvey.co.uk

CLAUDIA SCHMID

Wenn sie nicht gerade mit Toffle Gassi geht, arbeitet Claudia Schmid als Illustratorin und Künstlerin und entwirft »Dutzi«-Spielsachen. Ihre Zeichnungen von seltsamen Wesen in Mensch- oder Tierform sind regional und überregional wohlbekannt. Sie hat mit Matt an *Mindless Body, Spineless Mind* zusammengearbeitet und illustriert seine regelmäßigen Kolumnen für das Magazin *Resurgence & Ecologist*. Sie lebt mit ihrer Tochter Felice in Totnes, wo sie mittlerweile schon länger wohnt, als sie es irgendwo anders getan hat.

www.claudiaschmid.co.uk